Poésie japonaise

Haïkus de soleil

Ce livre constitue avant tout un hommage à la presqu'île de Giens, aux îles d'or que sont Porquerolles, l'île du Levant ou Port Cros, sans oublier Hyères les Palmiers. A travers l'histoire, les réserves naturelles exceptionnelles, la rareté de sa flore, une faune séculaire, un double tombolo millénaire et unique au monde : bienvenue au paradis... terrestre.

Le haïku, forme de poésie japonaise extrêmement brève, célèbre l'évanescence des choses, cet aspect contemplatif qui sanctuarise l'instant présent. Photographie de l'instant, la nature est ici sublimée en laissant place à la saisonnalité, parfois directe, tantôt suggérée.

Place à l'émotion vraie, à chaque fois en dix-sept syllabes, comme l'exige la tradition du haïku en vous souhaitant une cordiale bienvenue au paradis.

Le souvenir y est également présent, avec plusieurs allusions au Prix Nobel de littérature 1900, Alexis Léger, plus connu sous le pseudonyme de Saint-John Perse, qui résida de longues années sur la presqu'île de Giens. D'ailleurs, il y repose pour l'éternité au cimetière local, que je vous conseille de visiter en entrant par l'accès central. Sa sépulture se trouve immédiatement sur votre droite, à l'ombre, sous un arbre majestueux. Il m'apparaissait essentiel d'en faire référence.

Mon dernier conseil de lecture sera de lire un haïku, de s'en imprégner, de fermer les yeux et d'imaginer ce qu'il traduit intérieurement, comme l'a voulu l'auteur dans cette ballade onirique aux sons de la méditerranée bercée par le chant des cigales.

La presqu'île de Giens, fragile, doit rester une destination préservée, que nous devons tous protéger par nos actions, propres ou collectives. Ce patrimoine, ici décliné dans le plus pur esprit de la poésie japonisante, est empli de sagesse et de contemplation.

Que cette pureté littérale vous irradie d'une joie intense, qu'elle vous plonge dans les abysses d'un ciel étoilé, ou les yeux rivés vers l'immensité impalpable et pourtant si présente.

Nicolas Mougin

Haïkus de soleil

Nicolas MOUGIN

Mentions légales

En application de l'art. L.137-2.-I. du code de la propriété intellectuelle, toute reproduction et/ou divulgation de parties de l'oeuvre dépassant le volume prévu par la loi est expressément interdite.

© Nicolas MOUGIN, octobre 2024

Illustration photo de couverture : Laurence C.

Édition : BoD · Books on Demand GmbH, In de Tarpen 42, 22848 Norderstedt (Allemagne)
Impression : Libri Plureos GmbH, Friedensallee 273, 22763 Hambourg (Allemagne)

Impression à la demande
ISBN : 978-2-3225-1922-4
Dépôt légal : Octobre 2024

Sur les salines

Flamands roses majestueux

Soleil coloré

Salins des Pesquiers,

Espèces migratrices

Mémoire du sel

Saint John Perse rêve

Presqu'île d'or sous le soleil

Mer bleue murmure

Bleu infini, pur

Miroir des cieux sans fin

Giens envoûte l'âme

Eucalyptus vert,

Frémissement dans la brise,

Le temps suspendu

Passiflores douces

Eclat de couleurs vives

Soleil caresse

Port du Niel paisible

Les bateaux dansent doucement

Souvenirs du bleu

Le poète écrit

Face aux vagues éternelles

Vers immortels nés

Douceur de la mer

Bleu profond et azuré

Rêve de Perse

Giens, écho de pais

Eucalyptus murmurants

Nature inspire

Fleurs de passion, vives

Jardin secret des couleurs

Nature en poème

Port du Niel discret

Reflet des jours oubliés

Temps d'hier, d'aujourd'hui

Saint John Perse chante

Légendes de Giens, éclat

Mer infinie parle

Pins maritimes verts

Sous le soleil azur d'été

Ombres dansent, vives

Passiflores fines

Eclats de pétales blancs

Sur sentiers secrets

Lavandes en fleurs

Mer et soleil se confondent

Parfums enivrants

Cistes en éclat

Blanches étoiles des sentiers

Douceur du printemps

Thym sauvage embaume

Presqu'île bercée par le vent

Rêves de nature

Vent dans les arbres

Sculptures de la nature

Giens, l'art éternel

Chênes verts s'élèvent

Sur collines ensoleillées

Reflets de l'été

Fougères en secret

Sous l'ombre dense des bois

Fraîcheur des sous-bois

Romarins fleuris

Bleu des fleurs et bleu des cieux

Arômes persistants

Mimosas dorés

La lumière de février

Printemps annoncé

Genêts éclatants

Jaune vif des collines

Joie des yeux ravis

Bruyères mauves

Mer de fleurs sur les falaises

Giens, île des rêves

Lentisques verts brillent

Sous le soleil éclatant

Feuilles comme des perles

Lavande sauvage

Terre et mer en harmonie

Couleurs et parfums

Pins courbés par le vent

Résistant aux tempêtes

Forces de la vie

Arbousiers en fruits

Rouge éclat sous les feuillages

Délices d'automne

Fleurs de fenouil jaunes

Sentiers escarpés de Giens

Senteurs de l'été

Sous les dunes dorées

Les oyats dansent au vent

Étreinte sauvage

Cakiliers marins

Blancheur éclatante de juin

Sur la plage nue

Lys des sables pur

Etoile des rivages

Beauté sans égale

Panicaut argent

Garde des rivages, fier

Épine et douceur

Petite pimélie

Deux points noirs sur le dos clair

Discrète, dans le sable

Citron de Provence

Papillon d'or en vol doux

Frôlement des fleurs

Forêt sous-marine

Posidonie protectrice

Berceau des poissons

Chant des cigales, fort

Au cœur de l'été brûlant

Symphonie des pins

Lagon émeraude

Reflet des pins maritimes

Miroir de la mer

Garrigue embaumée

Lavande et romarins fiers

Parfum des collines

Caroubiers anciens

Ombres des sentiers secrets

Trésors de la terre

Mistral soufflant fort

Écornant les falaises

Cris des goélands

Méditerranée

Bleu infini apaisant

Horizon de paix

La tortue se cache

Dans la chaleur des rochers

Patience en silence

Ciels de crépuscule

Rosé et violet se mêlent

Fin d'une journée

Presqu'île de Giens

Écrin de faune et de flore

Éternel trésor

Oursin noir discret

Sur les rochers tapissés d'algues

Garde ses secrets

Padine ondule

Algue en robe de velours

Danse sous les flots

Poulpes en embuscade

Maître des cachettes sombres

Caméléon d'eau

Rascasse épine

Couleurs de feu et de braise

Repose dans le creux

Girelle paon brille

Arc-en-ciel sous l'eau limpide

Jouet des rayons

Crénilabre agile

Ronde autour des rochers creux

Gardien vigilant

Doris dalmatienne

Taches noires sur fond blanc pur

Nage gracieuse

Hippocampe roi

Monture des rêves marins

Poésie vivante

Mérou majestueux

Seigneur des grottes cachées

Sombre et imposant

Murène serpente

Dans les fissures des rocs

Ombre et mouvement

Daurade argent

Poisson d'éclat lumineux

Flèche des courants

Flabelline mauve

Tentacules aux teintes pastel

Éclair de douceur

Anémones dansent

Au gré des courants légers

Mouvements subtils

Etoiles de mer

Rouge et or sur le sable

Trésors oubliés

Posidonie dense

Forêt verte sous-marine

Refuge serein

Ciels de crépuscule

Se reflètent dans les flots

Tableau vivant d'art

Nuit douce et sereine

Plancton brille, lumière vive

Une mer d'étoiles

Un pêcheur patient

La canne tendue à l'aube

Attente paisible

Plage de l'Almanarre

Vents doux sifflant dans les flots

Kitesurfeurs en vol

Hermitage tranquille

Ombre des pins maritimes

Refuge des rêves

Four chaux, calanque

Rochers sculptés par la mer

Sérénité pure

Ayguade au matin

Sable fin, vagues douces,

Souvenirs d'été

Madrague sereine

Bateaux dansent sur les eaux

Repos des marins

Pontillon caché

Petit coin de paradis

Secrets murmurés

Darboussières calme

Onde claire et mer tranquille

Paradis des cieux

Tour fondue, veille

Histoire gravée dans le temps

Sentinelle fière

Le Niel animé

Les pointus accostent au port

Chanson des marées

La Badine douce

Étreinte de vagues claires

Plage des enfants

Ile Ratonnière

Refuge des oiseaux marins

Havre de silence

Ile longue, mystère

Légendes et vents du large

Sable et roc se mêlent

Chevaliers, pointe

Rochers défiant les flots

Horizon sans fin

Ile de la Redonne

Écrin de nature sauvage

Beauté solitaire

Pain de sucre, haut,

Roc dressé face aux tempêtes

Gardien éternel

Ecueil Anguillons

Récif caché sous les flots

Piège des marins

Sentier des douaniers

Pas sur le chemin côtier

Paysage sauvage

Falaise dorée

Lumière du crépuscule

Etreinte du soir

Pinède parfumée

Senteurs de résine pure

Promenade douce

Mer étincelante

Reflets d'argent et de bleu

Miroir de l'âme

Sentiers sinueux

Découverte à chaque pas

Nature dévoilée

Matin à Giens, clair,

Brume se lève doucement

Jour naissant, tranquille

Anse de la calanque

Repos des pêcheurs fatigués

Histoire contée

Vagues de l'oubli

Sur des plages désertées

Chuchotent. Secrets.

Nuit sur l'île longue

Etoiles veillent silencieuses

Chant des vagues rousses

Matins de La Capte

Un parfum de vacances

Vie et traditions

Voile sur la mer

Cristalline étreinte bleue

Paix des cieux d'azur

Ombre des cyprès

Danse des figuiers sauvages

Solstice doré

Sentier de lumière

Sur les rochers écumeux

Mélodie des vagues

Vertige marin

Plongée dans l'émeraude

Corail en éclat

Pinèdes chantantes

Ballet des cigales folles

Eté provencal

Baie de l'argenté

Ecrin de sable soyeux

Reflet du soleil

Balade ennivrante

Senteurs de thym parfumé

Souffle de mistral

Rivage paisible

Sculptures de pierres et coquilles

Temps figé. Serein.

Brise douce, saline

Murmure des algues vertes

Rivages secrets

Ciel rouge de feu

Coucher de soleil en flammes

Poème coloré

Fort Sainte Agathe

Gardien des mémoires d'antan

Histoire en écho

Bateaux endormis

Berceuse des flots tranquilles

Nuit étoilée d'or

Amandiers en fleurs

Douceur des pétales blancs

Promesse du jour

Crique isolée

Baiser de la mer turquoise

Secrets chuchotés

Réverbère d'ombre

Lune sur la mer argentée

Nuit de porcelaine

Oliviers tordus

Vieux sages de l'île sacrée

Racines profondes

Eclat des raisins

Vignes en terrasses vertes

Saveurs de l'été

Derniers rayons d'or

Adieu au jour flamboyant

Ile enchanteresse

Ile mystérieuse

Végétation luxuriante

Refuge des vents

Eaux d'émeraude

Poissons dansent en silence

Récifs enchantés

Fort de l'Estissac

Vestige des temps anciens

Passé séculaire

Chemin forestiers

Ombres fraîches, mousses douces

Secret des sous-bois

Brise matinale

Aube sur les eaux tranquilles

Eveil des voiliers

Mer et falaises

Dialogue éternel et doux

Rythme des marées

Ciel étoilé, pur

Reflets de geai dans l'eau noire

Nuit envoûtante

Falaises abruptes

Echo des vagues puissantes

Force et majesté

Roches érodées

Sculptées par l'éternité

Art de la nature

Salins des Pasquiers

Oiseaux en ballets gracieux

Sel et traditions

Déjà parus

Haïkus au fil de l'eau (Mai 2023)

Haïkus fleuris de Haute Provence (Janvier 2024)

Du même auteur

Cécile Gallez, mémoires inachevées

Titres à retrouver en ligne sur BOD
et sur l'ensemble des plateformes
Fnac – Librairies groupe Le Failler – Le Furet du Nord – Amazon
Waterstones – Bleu d'encre – Librairie Eyrolles
BOL.com – Wook – Eurobooks

Merci à l'ensemble des libraires pour la mise en avant de ces ouvrages singuliers
et aux organes de presse pour leur inconditionnel soutien